AF595211

CONCLVSIO FACVLTATIS THEOLOGIÆ

Parisiensis facta in Comitijs ordinariis celebratis 1. die Septemb. CIƆ IƆC XII.

Cum Apologetico Magistri Edmundi Richer pro seipso.

BIBLIOTHEQUE ROYALE

ANNO Domini CIƆIƆCXII. 1. die Septemb. sacra Theologiæ Facultas Parisiensis post Missam solemnem de Spiritu sancto, sua stata & vsitata habuit Comitia in aula Sorbonæ.

Primo post lectionem Conclusionum superioribus comitiis mensis Augusti editarum factam à Magistro nostro Edmundo Richer tum Syndico, comparuere duo Apparitores sacri Consistorij in dicta Aula, qui sedere iussi ostentarunt litteras Regias maiore sigillo munitas, easque recitarunt hoc tenore;

LOVYS par la grace de Dieu Roy de France & de Nauarre, A nos chers & bien-amez Georges le Cirier, & Seraphin Mauroy Huissiers en nostre Conseil d'Estat & Priué, Salut: Sur le rapport qui nous a esté faict en nostre Conseil du procés verbal faict par deux Notaires du Chastelet de Paris, le premier iour du mois de Iuin dernier, de ce qui s'est passé en l'assemblée tenuë ledit iour au College de Sorbonne par les Docteurs de la Faculté de Theologie, & des oppositions, protestations d'appel comme d'abus, dires & declarations, rapportees par iceluy sur la proposition faicte en ladicte assemblee pour l'election d'vn nouueau Syndic en ladicte Faculté au lieu de Maistre Edmond Richer, desirant mettre fin aux differents de ladicte Faculté, & remedier aux inconuenients que leurs diuisions peuuent causer au grand

B

n 27
399

preiudice du bien & repos de nos subiets, & de l'Estat Ecclesiastique en ce Royaume, duquel nous sommes protecteur, & conseruateur, de l'aduis de nostredict Conseil, auquel estoient la Royne Regente nostre tres-honoree Dame & Mere, les Princes de nostre sang, autres Princes & Officiers de nostre Couronne, NOVS AVONS ordonné qu'en la prochaine assemblée de ladicte Faculté il sera procedé par les Docteurs d'icelle à l'election d'vn nouueau Syndic au lieu dudit Richer, pour exercer ladicte charge pendant le temps qu'il sera aduisé en ladicte assemblée, & qu'à ceste fin le Doyen ou autre plus ancien sera tenu prendre & receuoir les voix & suffrages desdicts Docteurs, auquel enioignons ce faire sans difficulté. SI VOVS mandons & tres-expressement enioignons signifier & faire sçauoir le contenu en ces presentes ausdicts Doyen Docteurs & tous autres qu'il appartiendra, & leur faire commandement de par nous qu'ils ayent a y satisfaire & obeir de poinct en poinct selon leur forme & teneur, nonobstant oppositions ou appellations quelsconques faictes ou à faire, pour lesquelles ne voulons estre differé, la cognoissance desquelles nous auons retenuë, & reseruee à nous & à nostre Conseil; & icelle interdicte à toutes nos Cours & Iuges; De ce faire vous donnons plain pouuoir, puissance, authorité & mandement special: Mandons à tous nos Officiers & subiects qu'à vous en ce faisant ils obeissent, nonobstant toutes choses à ce contraires. Car tel est nostre plaisir. Donné à Paris le 27. iour d'Aoust, l'an de grace, 1612. Et de nostre Regne le troisiesme.

Signé, LOVYS.

Et plus bas par le Roy la Royne Regente sa Mere presente, Phelypeaux. Et seellé du grand seel de cire jaune en simple queuë.

TVM Magister noster Edmundus Richer velut libellum quendam apologeticum pro seipso palā omnibus audientibus perlegit, cuius exemplum manu propria obsignatum obtulit honorando Magistro nostro Roguenant tunc temporis Decano, qui iuxta edictionem Regiam in ipsis litteris expressam proposuit honorandis Magistris nostris, vt de nouo Syndico eligendo sententiam ferrent; ac ea quidem penè omnium sententia fuit, vt gratias agendas censerent ipsi Magistro nostro Edmundo Richer ob res præclarè in Syndicatu gestas, excepto libro, cuius titulus de Ecclesiastica & Politica potestate, nec non etiam libello isto apologetico ab eodem in ipsis comitijs perlecto, quem quidem improbarunt & damnarunt adiecta interminatione, vt si euulgaretur eiusmodi libellus apologeticus, dictus Magister noster auctor illius libelli ex ipsa expungeretur Facultate. Deinde communibus & consentientibus omnium suffragiis suffectus est in locum Magistri nostri Edmundi Richer Magister noster Ioannes Filesac, atque ijs quidem legibus & conditionibus vt Syndicatus biennij spatio circumscriberetur, & inciperet Kalendis Octobris, quod est principium anni Academici, ita tamen vt elapso priore anno Syndicus ipse roget Facultatem, quatenus aut ei Syndicatum in annum sequentem, seu quandiu visum erit ipsi Facultati proroget, aut illi successorem aßignet. Secundo Magister noster Filesac recens creatus Syndicus tria rogauit; Primum, vt quotannis quatuor eligantur à Facultate Conscriptores, quorum consilium & operam adhibeat Syndicus in conscribendis Conclusionibus Facultatis antequam describantur in libro Conclusionum, & subsignentur à Domino Decano, atque ijs inconsultis non liceat Syndico vllas conscribere Conclusiones; suntque ad id muneris selecti honorandi Magistri nostri Loppé, le Clerc, Isambert, & Besse. Secundum, vt rogatio ab eodem facta anteà mense Februario superiore de tribus seris tabulario publico Facultatis, quod est in ædibus ipsius, apponendis, executioni mandaretur. Tertium, vt duo è Magistris nostris Magistrum nostrum Richer adirent, à quo repeterent & reciperent omnes libros, omniaque monumenta quæ ad ipsam spectarent Facultatem, quæque in sua ille haberet potestate, suntque nominati ad eam rem honorandi

Magistri nostri Carolus de la Saussaie, & Michael Colin. Decretum insuper vt honorandi Magistri nostri Gazil, Gillet, Loppé, de Gamaches, Coeffeteau, Colin, vna cum Syndico Serenissimam Reginam, & Dominum Cancellarium adeant.

Emond Richer Docteur & Syndic de la Faculté de Theologie de l'Vniuersité de Paris, pour responce à la signification & lecture qui a esté presentement faicte par &c.

Dict que la ROYNE estant vne Princesse qui a la Iustice en singuliere recommandation, il ne peut croire quelle approuue que l'on le depose de la charge de Syndic de la Faculté de Theologie exercee par luy depuis quatre ans & demy auec telle sincerité, integrité, & diligence que ses ennemis mesmes en ont rendu tesmoignage honorable par la bouche de celuy qui fit la proposition en l'assemblée du premier Iuin dernier.

Que ceste deposition est ordonnee contre l'vsance & coustume de tout temps obseruee en la Faculté, sans auoir gardé les formes ordinaires, sans plainte, sans cause, sans qu'il ait esté ouy ny appellé, qui est à dire en vn mot contre la loy diuine & naturelle, qui improuuent qu'aucun soit condamné sans estre preallabement ouy.

Est croyable que ceste ordonnance a esté extorquee par l'importunité extraordinaire de ses ennemis, qui apres auoir ietté des semences de diuision en la Faculté, practiqué tous moyens & toutes sortes de brigues honteuses pour le deposer depuis sept mois par la voye de la Faculté, voyans leurs brigues & factions descousuës, esuentees & blasmees d'vn chacun, ils ont eu recours à ce dernier expedient pour effectuer le dessein de sa deposition concerté & resolu entr'eux de longue main, tant la haine qu'ils luy portent est grande & implacable.

Que

Que les causes de ceste haine se peuuent reduire à quatre chefs.

Le premier, qu'incontinent apres le Parricide execrable commis en la personne du feu Roy HENRY le GRAND, luy qui respond desireux selon le deu de sa charge pourueoir à la conseruation des personnes sacrées de nos Roys, voyant qu'en vingt ans, oultre plusieurs attentats, l'on auoit rauy deux Princes à la France, il procura en la Faculté de Theologie la Censure de la doctrine diabolique qui authorise les assassins, en suitte de laquelle Censure le liure abhominable de Iean Mariana fut publiquement bruslé par Arrest de la Cour de Parlement du 8. Iuin 1610.

Le second, que le 27. de May 1611. au Chapitre general des Iacobins, il s'opposa aux entreprises de ceux qui durant la minorité du Roy, à la face du Parlement, & de l'Vniuersité vouloient condamner l'ancienne doctrine de la Faculté de Theologie de Paris authorisee pour verité Catholique par le Concile Oecumenique de Constance, lequel l'Eglise Gallicane a tellement receu, embrassé, & approuué, qu'vne bonne partie de la police du Royaume de France en a pris fondement.

Le troisiesme, qu'il a contribué tout ce qui estoit en luy pour la deffence de l'Vniuersité contre les entreprises des Iesuites, lesquels afin d'establir vne forme d'Empire sur toute la Chrestienté, s'efforcent reduire les lettres & l'institution de la ieunesse à leur seule compagnie, & peruertir l'ordre Hierarchique estably par le sainct Esprit, moyennant l'entremise des Apostres & anciens Peres de la primitiue Eglise, au moyen dequoy ils ont plus de pouuoir en l'Eglise que tous les Prelats ordinaires.

Le quatriesme, que depuis l'Arrest donné en la cause de l'Vniuersité le 22. Decembre 1611. portant que les Iesuites soubscriront la doctrine de l'Eschole de Sorbonne en ce qui concerne la conseruation des personnes sacrees des Roys, manutention de leur authorité Royalle, & libertez de l'Eglise Gallicane de tout temps & ancienneté gardées & obseruées en ce Royaume, lesdicts Iesuites ont employé toutes sortes d'artifices pour faire reprouuer & condamner ceste doctrine, tant en soy qu'en la personne de luy qui respond, à dessein de rendre illusoire l'execution dudict Arrest, auquel ils ne peuuent satisfaire, sinon en renonçant à l'institut de leur Societé, qui ne subsiste qu'en la puissance absoluë qu'ils attribuent au S. Pere, mesmes sur le Concile.

Quant au traicté *de Ecclesiastica & Politica potestate*, il l'a composé par le commandement d'vn personnage de grand nom, merite, & authorité, lequel apres l'action qui se passa aux Iacobins le 27. May 1611. voulut estre esclaircy de l'ancienne doctrine & conclusions de la Faculté de Theologie de Paris, que luy qui respond a tousiours soubmis & soubmet ledict traicté à la censure de l'Eglise Catholique, Apostolique & Romaine, & de la Faculté de Theologie, qu'il respecte & honore comme sa Mere, & ne desire rien tant qu'il soit examiné par personnes capables, non suspectes de faueur ou de haine, ny interessees en la doctrine contraire. Et declare d'abondant comme il a faict ailleurs qu'il est prest rendre raison de la doctrine contenuë en iceluy, & iustifier qu'elle est veritable & orthodoxe par autheurs authorisez & non censurez, qui ont escrit auparauant les diuisions suruenuës en l'Eglise sur le subiect de la religion depuis cent ans.

En toutes les circonstances cy-dessus remarquees, luy qui respond s'est tousiours tenu sur la defensiue auec toute la moderation qui se peut desirer en vn Theologien, de sorte que si ces contentions ont causé du trouble ou de la diuision, ce n'est à luy que le blasme & la faulte en doiuent estre imputez ; mais à ceux qui se sont estudiez depuis la mort du feu Roy d'opprimer les maximes receuës en France de toute ancienneté, ont publié diuers escrits contre l'authorité souueraine de nos Roys pour exciter les subiects à sousleuement contre leur Prince, substraction de leur obeyssance, induction d'attenter à leurs personnes, & troubler le repos & tranquillité publique.

Que si l'on prend pour pretexte de sa deposition la pretenduë Censure interuenuë contre le traicté *de Ecclesiastica & Politica potestate*, il maintient quelle est nulle, ayant esté faicte à la sollicitation de Monsieur le Nonce du S. Pere, contre les formes prescriptes par les ordonnances, sans l'ouir ny appeller, & sans que l'on ait deuëment examiné ledit traicté, ny cotté particulierement, ce qui peut estre subiet à censure en iceluy, soit au sens & aux parolles : au contraire par vne exception vague des droicts du Roy, & libertez de l'Eglise Gallicane, l'on a excepté ce que l'on condamne, & condamné ce que l'on excepte : D'ailleurs ayant interietté appel comme d'abus de ladicte Censure, & presenté son relief à la Chancellerie, contenant aucunes des nullitez qui s'y remarquent, ledict relief a esté refusé sur le seau ; c'est pourquoy il s'est pourueu par requeste à la grand' Chambre du Parlement, afin d'estre tenu pour bien releué, ou ayant obtenu le consentement de Monsieur le Procureur General du Roy, il n'a esté en son pouuoir quelque instance & poursuite qu'il ait faicte d'auoir iustice, ny d'estre ouy pour esclaircir vn chacun de la sincerité de ses intentions, & de la verité de son escrit, mesmes au lieu ou de receuoir & iuger son appel, ou luy laisser la liberté de deffendre son honneur & les propositions rapportees en son escrit, ses ennemis contre tout droict diuin, naturel, & humain, luy ont faict faire deffences d'escrire pour la verité de la doctrine de l'Eschole de Paris, des libertez de l'Eglise Gallicane, & des droicts, & authorité souueraine du Roy ; de sorte que par ce monopole l'ancienne doctrine demeurant enseuelië, & ne se traictant plus en l'Escole, ny par les Docteurs particuliers, il arriuera en bref que le Roy & ses Magistrats qui voudront maintenir la police de France fondee sur ceste doctrine seront reputez tyrans, vsurpateurs, comme deffendans vne chose condamnee.

Quelque chose qui luy puisse arriuer, il declare & proteste vouloir mourir enfant tres-humble & tres-obeissant de l'Eglise Catholique, Apostolique & Romaine, subiect & seruiteur du Roy & de la Royne, asserteur de la verité & ancienne doctrine de la Faculté de Theologie de Paris, laquelle il deffend non par opiniastreté, ambition, desir de gloire, de biens, ou par autre mauuaise intention & interest particulier, ains par certaine, euidente, & necessaire cognoissance, qu'il a acquise depuis vn long temps qu'il s'est employé à la lecture des Conciles, anciens Peres, & Docteurs de l'Eglise, pour la necessité extreme qui est auiourd'huy de s'opposer & resister aux pernicieuses & detestables doctrines, que l'on faict artificieusement couler aux esprits, *de deposer les Roys, & tuer les tyrans* ; la premiere proposition seruant de preuue certaine à la derniere.

C'est pourquoy il demande acte de ce que dessus, à ce qu'il soit cogneu par la posterité qu'il est deposé sans cause, à la poursuite & sollicicitation de Monsieur le Nonce de sa Saincteté, des Iesuites, & leurs cõfidents, afin que l'Arrest interuenu pour l'Vniuersité contre lesdicts Iesuites demeure sans effect, proteste de nullité de tout ce qui se faict contre luy, sans qu'il ayt esté ouy ny appellé, & persiste en l'appel comme d'abus par luy interietté de la pretenduë Censure faicte de son escrit, esperant que son innocence & droicte intention

tion seront vn iour cogneuës, & que Dieu luy fera la grace d'estre ouy en ses iustes deffenses.

Le contenu cy-dessus, signé de la main dudict Richer, a esté par luy baillé à Maistre Nicolas Roguenant Doyen de la Faculté de Theologie de Paris en la congregation ordinaire d'icelle Faculté tenuë en la grand' salle du College de Sorbonne, le premier iour de Septembre, mil six cents douze, dont il a requis acte presents les Docteurs qui ont assisté à ladicte congregation.

CONCLVSIO FACVLTATIS THEOLOGIÆ Parisiensis facta in Comitijs ordinariis celebratis I. die Octobris CIↃ IↃC XII.

ANNO Domini CIↃ IↃC XII. I. *die Octobris, sacra Theologiæ Facultatis Parisiensis post Missam solemnem de Spiritu sancto, sua ordinaria & vsitata habuit Comitia in aula Sorbonæ.*

PRIMO, post lectionem Conclusionum superioribus Comitijs mensis Septembris editarum, honorandus Magister noster de la Saussaye & suo, & Magistri nostri Colin nomine retulit se ex mandato Facultatis adijsse Magistrum nostrum Richer, à quo recepit omnia scripta & monumenta ad Facultatem spectantia, quæ in sua potestate huc vsque habuisse dictus Magister noster Richer affirmauit, in cuius rei fidem indicem seu inuentarium horum omnium manu sua obsignatum tradidit Magister noster Colin. Secundò, Magister noster Richer iterum obtulit eundem libellum Apologeticum, quem superioribus Comitijs mensis Septembris obtulerat Magistro nostro Roguenant tunc temporis Decano, petijtque actum sibi dari oblati à se Fa-

cultati istius libelli apologetici ; addiditque insuper varias & multiplices protestationes, intercesſiones, appellationes, & recusationes, ad quas nihil à Facultate responsum, cum ipsi non essent exhibita exempla earum omnium protestationum & appellationum, ac proinde ipsis conuenienter satisfieri non posset. Tertio, rogatus prædictus Magister noster Richer vt comitijs & aula excederet, quandoquidem non videretur æquum, vt præsens adesset deliberationibus, quæ de illo habendæ viderentur, cumque id facere sæpius recusasset, suasque semper prætexeret appellationes, & recusationes, tandem re in deliberationem adducta, conclusum est, illum excedere ex ipsis debere comitijs. Itaque cum Dominus Decanus illi significasset decretum illud, nullo modo obtemperare voluit, obtinuitque sua pertinacia, vt adfuerit deliberationibus. Quarto, Magister noster Filesac Syndicus supplicauit, vt deliberaret Facultas quid de Conclusione vniuersa comitijs superioris mensis Septembris habita statuere vellet. Visum est conclusionem istam, prout concepta est, retinendam & seruandam, vtpotè factam in vim Edicti Regij.

Doctores qui interfuerunt comitijs Kalendarum mensis Octobris CIↃ IↃC XII.

MM.	NN.
Burlat, Decanus.	Mulot, Sorbonicus.
Ballenot, Parisior. Bernardinus.	Froger, Sorbonicus.
	Iulien, Sorbonicus.
Le Roux, Carmelita.	Hennequin, Sorbonicus.
Maucler, Sorbonicus.	Parent, Sorbonicus.
Gillet, Sorbonicus.	Garnier, Sorbonicus.
Maurenvillier, Cardinalitius.	Trenchant, Sorbonicus.
	Neuclet, Craſſinus.
Loppé, Nauarricus.	Dy, Nauarricus.
Girard, Sorbonicus.	Belin, Minor.
De la Sauſſaye, Sorbonicus.	Bourdon, Augustinianus.
	Fergent, Minor.

De Nan, Minor.
Le Beuf, Auguſtinus.
Corradin, Minor.
Lucas, Auguſtinianus.
Pontanus, Auguſtinianus.
Rogerius, Girard Auguſtinenſis.
Forgemont, Nauarricus.
Hubert, Sorbonicus.
Gazil, Sorbonicus.
Du Val, Sorbonicus.
Geſlin, Sorbonicus.
Aubry, Sorbonicus.
De Gamaches, Sorbonicus.
Houyſier, Sorbonicus.
Iſambert, Sorbonicus.
Sotto, Choletanus.
Roche, Choletanus.
De Harlay, Sorbonicus Abbas.
De Poge, Nauarricus.
De Paris, Cardinalitius.
Merlet, Nauarricus.
Champney, Sorbonicus.
Grandin, Minor.
Cherou, Sorbonicus.
Biſſope Sorbonicus.
Simeon, Prædicator.
Deſlandes, Prædicator.
Bourgoing, Carmelita.
Iehanne, Auguſtinianus.
De Barſe, Minor.

ACTES FAICTS AV COLLEGE DE SORBONNE le 1. d'Octobre 1612.

EDMON RICHER Docteur de la Faculté de Theologie de l'Vniuerſité de Paris, Sur la lecture qui a eſté preſentement faicte de la Concluſion du premier Septembre dernier, declare qu'il ne peut approuuer ceſte Concluſion en deux chefs; Le premier, que l'on a reſolu qu'il ſoit remercié pour auoir exercé la charge de Sindic auec exception pour le faict du traicté *de Eccleſiaſtica & Politica poteſtate*; Maintient que ceſte exception (qui eſt vn preiugé contre ſon eſcrit, & vne notte contre luy autheur dudict traicté) doibt eſtre rayée de ladicte Concluſion, *pour trois raiſons*; *La premiere, reſulte de l'Arreſt de la Cour* de Parlement du premier Feburier 1612. portant ſurceance à la Faculté de deliberer sur le faict dudict traicté ; *La seconde*, des lettres patentes obtenuës de sa Majesté le 27. Aoust dernier, par lesquelles il n'est aucunement parlé de ladicte exception, ny dudict traicté, & consequemment la compagnie a deub cōclure sa resolution & conclusion, suiuant la teneur desdites lettres; *La troisiesme, que ceste exception n'a esté resoluë par la plus grande & saine partie des Docteurs qui assisterent à l'assemblee* dudict premier Septembre, ny prononcée & concluë par Maistre Nicolas Roguenant lors seant en la place du Doyen, comme le plus ancien de la Faculté.

Le second point, que par la mesme Conclusion on deffend audict Richer de publier la protestation par luy faicte contre les lettres du 27. Aoust pour la iustification de son honneur, laquelle deffence contreuient directement au droict diuin & naturel, qui permettent à toutes personnes interessees & offensees de deduire leurs griefs, & deffendre leur honneur auec la moderation requise, ainsi que ledict Richer a faict par ladicte protestation, declarant n'auoir entendu par icelle taxer la Faculté de Theologie, qu'il a tousiours honorée & honore comme sa mere : partant ledict Richer proteste de nullité de ladicte Conclusion. Au regard des deux poincts cy-dessus cottez, interpelle les Doyen & Docteurs de la Faculté presens à l'assemblee du iourd'huy luy faire deliurer copie d'icelle Conclusion pour se pourueoir ainsi qu'il verra bon estre; Et en cas de reffus declare qu'il sera contrainct auoir recours à la Iustice pour luy estre pourueu sur ledict reffus. Et d'autant qu'il est notoire que ladicte Conclusion est interuenuë sur la requisition de Maistre Iean Filesac, qui n'a obmis aucune sorte de brigues & artifices pour effectuer la deposition de luy Richer, à desseing de se faire subroger en son lieu en la charge de Sindic, comme l'euenement l'a monstré, & luy mesme l'a recogneu en ceste compagnie ledict

premier

premier Septembre, lors qu'il dist auoir esté requis & sollicité à *summatibus*, depuis trois ou quatre mois d'accepter le Syndicat : maintient iceluy Richer que ledict Filesac s'est declaré son ennemy formel ; ce qu'il tesmoigna par la requisition qu'il fit contre luy Richer ledict premier Septembre aussi tost qu'il eust esté esleu Sindic.

C'est pourquoy il declare que ledict Filesac n'est receuable à requerir contre luy, soit en qualité de Sindic ou autre quelconque, proteste de nullité de la requisition par luy faicte ledict premier Septembre dernier, & de ce qu'il pourra requerir & proposer cy-apres, & a requis acte de la presente protestation & declaration faicte ce premier iour d'Octobre 1612. en l'assemblee ordinaire de la Faculté de Theologie tenuë en la grand sale du College de Sorbonne, selon la maniere accoustumee. Ainsi signé, RICHER.

Ensuit la teneur d'autre acte faict en suitte du precedent.

EMOND RICHER Docteur de la Faculté de Theologie de l'Vniuersité de Paris, pour responce à la proposition & requisition presentement faicte par Maistre Iean Filesac Docteur en ladicte Faculté & Sindic d'icelle,

Dict que celuy qui se veoit reduit à la necessité de deffendre sa vie & son honneur est obligé le faire selon la loy de nature, & n'en peut estre iustement empesché ny blasmé.

Qu'il prend tout le monde à tesmoing dés deportemens extraordinaires & estranges auec lesquels ses ennemis ont taché luy rauir son honneur, depuis huict ou neuf mois, & de la moderation & retenuë qu'il a opposee contre leurs calomnieuses imputations.

Que la responce & protestation qu'il fist en l'assemblée de la Faculté le premier Septembre dernier, (sur les lettres patentes obtenuës de sa Majesté le 27. Aoust 1612. comme chacun sçait) est vne moderee, raisonnable, & necessaire iustification de son honneur, en laquelle il persiste & est resolu perdre plustost la vie que la desaduoüer, retracter, ou s'en departir, s'oppose à ce qu'il ne soit deliberé sur la proposition dudict Filesac, & empesche quelle ne soit proposee par discrette personne Maistre Iacques Burlat Docteur Theologal d'Orleans present, ou autre quelconque pour estre mise en deliberation, demande acte de ladicte proposition faicte par ledit Filesac, de sa responce à icelle, & de son opposition : Pour moyens de laquelle il employe le contenu cy-dessus, sans preiudice de ce qu'il entend deduire cy-apres en Iustice à mesme fin. Faict en la grand sale du College de Sorbonne à la congregation ordinaire de la Faculté tenuë en la maniere accoustumee par les Docteurs d'icelle Faculté le premier Octobre 1612. Ainsi signé, Richer.

Ce iourd'huy Lundy premier Octobre 1612. sur les neuf heures du matin, Maistre Emond Richer Docteur en la Faculté de Theologie, cy-deuant nommé, auroit requis les Notaires au Chastelet de Paris soubsignez, estans lors en la grande sale de Sorbonne ou estoyent assistans plusieurs Docteurs de ladicte Faculté desnommez és autres actes presentement faicts en icelle sale, de faire lecture du contenu en l'acte cy-dessus & deuant escript à la requeste dudict Richer : Ce qui auroit esté faict *en la presence* de tous lesdicts Sieurs Docteurs, à quoy auroit esté faict responce par le Sieur Burlat y desnommé, qu'il n'a esté proposé autre chose, sinon si ledict Sieur Richer se debuoit absenter de la compagnie ou non, à raison de la Conclusion derniere du mois passé : A quoy ledict Richer a dict que l'absence requise de sa personne tend à faire confirmer ladicte Conclusion du premier Septembre dernier, contre laquelle il a faict ses protestations, & maintient qu'il n'en peut estre deliberé, & où l'on voudroit passer outre, declare qu'il appelle, & de faict a appellé comme d'abus, de tout ce qui sera faict par dessus & au preiudice de ladicte opposition : Proteste faire casser & reuoquer le tout comme attentat, indeuëment & nullement faict : Dont, & de ce que dessus ledict Sieur Richer a requis le present acte pour luy seruir & valoir en temps & lieu. Ce fut faict en ladicte grande sale l'an 1612. le premier iour d'Octobre : Ainsi signé, Richer, Burlat, de Beaumont, & Perier.

Et plus bas est encores escrit l'acte qui ensuit.

ET au mesme instant ledit Richer ayant recogneu que lesdicts Docteurs estoyent resolus de passer oultre, nonobstant l'appel cõme d'abus par luy presentement interietté, a mis *ès mains desdicts Notaires* [illegible] cahier contenant huict roolles, dont sept entierement escripts, & sur le huictiesme sont huict lignes & demie, le tout escrit, signé & paraphé dudit Richer, qu'il a dit estre les moyens de recusation qu'il entend proposer, tant en general qu'en particulier contre aucuns Docteurs de ladicte Faculté, Seculiers & Reguliers, suiuant & pour satisfaire à la declaration qu'il a cy-deuant faicte en ce mesme lieu en l'assemblee du premier iour de Iuin dernier, ladicte declaration receuë par lesdicts Notaires : desquelles recusations n'a peu estre faict lecture à cause du grand bruict qui estoit lors en ladicte assemblee, dont ledict Richer a aussi requis acte pour luy seruir en temps & lieu, comme il verra bon estre par raison, & proteste de nullité de tout ce qui se traictera & resouldra contre luy à l'aduenir par les Docteurs desnommez particulierement & generalement audict cahier, & de faire casser & reuoquer le tout cy-apres en Iustice : lequel cahier ledit Richer entend faire signifier au Sindic de ladicte Faculté pour luy, & pour tous les autres Docteurs y desnommez: & luy a esté iceluy cahier presentement rendu par lesdicts Notaires. Ce fut faict en ladite grand sale ledict iour premier Octobre 1612. Ainsi signé, Richer, de Beaumont, & Perier.

BIBLIOTHEQUE ROYALE

www.ingramcontent.com/pod-product-compliance
Lightning Source LLC
LaVergne TN
LVHW050231180726
843501LV00013BA/3752
9782329608686